青少年
亲子教育课程

the parenting teenagers course

给育有11至18岁
孩子的父母

> 组长手册

Leaders' Guide

青少年亲子教育课程— 组长手册（简体版）
The Parenting Teenagers Course - Leaders' Guide
(Simplified Chinese version)

出版者 Published by AAP Publishing Pte Ltd

ISBN: 978-981-07-5934-6

目 录

欢　迎

非常高兴你们决定举办青少年亲子教育课程，也希望你们能和我们一样享受这经验、乐在其中。现今为人父母的压力更甚以往，许多人需要帮助和支持。看到他们上完课后信心倍增，也比较不觉得孤单，就让我们更愿意努力下去，使更多人能在家中、小区或教会里获得这份资源。

这本组长手册是专为帮助你们能成功举办课程而设计的。有一点非常重要就是，组长须熟悉本课程的关键要素，和小组带领人的角色。此外，这本手册也提供快速的查阅，我们发现这本手册上的核对清单与时间表，对我们举办课程帮助甚大。

如果你们开始举办课程，请至**relationshipcentral.org**网站登记。如此可使住在你们那区域的潜在来宾，也能按址前去参加你们的课程。此外，我们亦可提供你们协助。

如有任何问题，请务必联络我们，也请务必让我们知道你们进行的情况。我们十分乐意收到其它举办课程者的意见回馈及反应。

Nicky and Sila

李力奇与李希拉

青少年亲子教育课程创始人

简 介

本课程是专为育有11至18岁青少年的父母所设计的，始于1997年英国伦敦的布普顿圣三一堂（HTB），教材则于2011年出版。我们收到来自世界各地的要求，希望能使用这份资源，以及专为育有0至10岁孩子的父母所设计的儿童亲子教育课程。

本课程是为所有青少年的父母或照顾者所写的，无论是自认熟谙教养技巧，或还在艰辛奋斗的人，也无论是单亲、或继父母。来上课的来宾可以是一个人，也可以是夫妻一起。本课程的实用工具可供每一位负责照顾11至18岁这个年龄层的人使用。

本课程共有五课，每周一堂，每堂历时2.5小时，当中包含用餐时间。不过，也可以把每一课拆成两堂，每堂历时1.5小时，同样每周一堂，如此共十周。由于想到可做这样的安排，所以DVD每一课的讲课内容都分成上下两集。

理想上，每堂课都先从吃吃喝喝开始，给宾客有机会放轻松，且能在友善亲切的环境中和其它父母交谈。营造美好的气氛是本课程一个重要部分。同样重要的是，要让每位宾客放心，他们不必公开任何不想透露的家庭生活与教养的资讯。不过，许多人都发现到，在小组中与其它同为父母者讨论经验，是本课程让他们获益良多的原因之一。

用餐后，由组长向宾客致词欢迎，报告注意事项，然后提供机会快速复习前一（几）课，接着播放当日DVD课程，或自己讲课。

每一课的讲课中间都有休息，给来宾机会讨论在听讲中引发的问题。倘若来宾超过10位，最好至少分成两组，以子女年龄为分组依据（最大的孩子年龄），每组都要有一位带领人从旁促进小组讨论。

如何举办课程

本课程的设计让你们举办起来一点都不难，尤其若采用DVD就更容易了。或许最后你们仍决定自行讲课，但我们会建议初次举办者最好使用DVD，这样你们就可以把精力集中在招待来宾，营造最佳气氛。

无论你们决定用DVD或自己讲课，依然需要给每位来宾一本来宾手册。手册里包含小组讨论题目，以及课中和课后练习。

使用DVD

所有的讲课都有DVD，除了力奇与希拉在摄影棚里的讲课，还包括街头访问、教养专家的访谈剪辑，以及嘉宾专访，应邀嘉宾有父母也有11到18 岁的青少年，分享他们教养与被教养的经验。

DVD会指示你何时暂停，让来宾做作业或讨论。在这本组长手册的22–41页有DVD中每一堂讲课长度的时间表。

现场讲课

如果你们要现场讲课，理想上应该由一位母亲和一位父亲担任。预备工作如下：

- 每一堂上课前先观看该课的DVD内容，也不妨阅读《亲子教育（暂译）》（The Parenting Book）的相关单元。
- 看完DVD后，决定每一单元由谁来主讲，一定要两人轮流，才能够针对每一主题分别呈现母亲和父亲的观点。当然一般来说，现场的二人组并不会像DVD里的两位讲员那样频繁地一来一往。

- 两人先讲好你们要分享自家的哪些故事，要确定不会让子女现在或将来感到尴尬。若举负面例子，只举自己为例，不可举子女或另一半为例。
- DVD里有“访谈剪辑”，可在课堂上选取播放专家和嘉宾的访谈。
- 决定要播哪些剪辑片段，全部播放时间会不够。

典型的一堂
课程架构

五周的课程

一堂课，包含用餐，以不超过2.5小时为准。我们强烈建议不要缩短讨论时间，因为这往往是本课程中让人获益最多的部分。第22-31页有五周课程的时间表建议。

十周的课程

把每一课分成上下两集，如此可将五堂课延长为十周的课程，每一堂课则以不超过1.5小时为准。第32–41页有十周课程的时间表建议。

1. 欢迎

有些来宾初来乍到，难免有些紧张和担心，所以先请他们喝点东西，亲切地欢迎他们，有助于放轻松。

小秘诀：
男士对于来上课尤其会犹豫不决，所以若由男士来接待他们，效果会很好。

2. 用餐

晚间课程

用餐时间很重要，不但让宾客彼此认识，聊聊父母经，也是在下班后或让孩子睡觉后到这里来放松一下，总之要让大家都很自在，所以请务必营造亲切而友善的气氛。通常最好是用过主餐后，先听讲课，接着在15分钟的练习／讨论时间中，上糕饼、甜点和咖啡、茶。

日间课程

餐点可以是早餐，或是轻食，包含茶和咖啡、馅饼、水果与优格、坚果、松饼、蛋糕和饼干等。就像在晚上举行的课程一样，餐点可让来宾放松心情，并提供机会认识其它的父母或照顾者。

3. 报告事项与复习课程

从第2周起，先给来宾几分钟的时间复习上周课程内容，来宾手册中有上周（或前几周）课程复习，来宾可以两、三人为一组，或按照小组，彼此分享经验与心得。

4. 讲课（上集）与简短的练习／讨论时间

五周的课程

每一堂的讲课内容都分成上下两集，每一集约30分钟，DVD上有清楚的暂停指示。上集之后有15分钟的休息，让来宾享用茶或咖啡，以及糕饼等甜点。这时请看手册中有无指示填写练习，若有，可按小组或两、三人为一组，填写完后互相讨论（夫妻一起来的，可两、三对为一组，若是单亲者则以两、三人为一组）。

十周的课程

每周播上集或下集，看完后就是练习和讨论，播放上集时，简短的练习／讨论时间从15分钟，可至少延长至半小时，讨论手册中“10周课程使用”的题目。

5. 讲课（下集）

五周的课程

接着看下集的讲课内容。倘若在刚才的讨论中有个主题，小组中某些人感到特别重要，带领小组讨论的人可以将该主题放到最后再来讨论，最好不要将播映下集讲课的时间延后，那样最后的讨论时间就不够了。有时候看完下集之后，再来讨论会更顺利。

6. 小组讨论

五周与十周的课程

每一堂讲课之后进行，时间约半小时，每一小组都有一带领人以促进大家参与讨论，讨论题目在来宾手册中，目标不在于得到所有的答案，而在于让每一位来宾都有机会发言。带领人偶尔可以视情况需要分享自己的经验。小组可以依照最大孩子的年龄来分组，确保每一小组的父母都在类似的教养阶段，有类似的问题可讨论。如果小组的带领人也是为人父母，理想上他或她至少要有一个小孩和该组来宾的孩子年龄相同。

7. 结束

五周和十周的课程

请务必按照预定时间结束，好让要准时离去的来宾感到自在。最好是由带领人宣布聚会结束，并站起身，不管讨论进行得多热烈或尚未得出结论。晚间课程的来宾有些因安排照顾孩子的因素，需要准时离开，而日间课程的来宾有些则需接孩子放学或下课，都不宜拖延时间。

不急着离开的来宾可能想要继续聊一聊，在小组讨论中提出的问题不一定会有明确的解答，提出问题并听其它父母的经验谈，可帮助来宾知道他们并不孤单，碰到类似挑战的大有人在，并能将眼光放长远些。

8. 家庭作业

手册中有些作业是让来宾带回家做，下次上课再来讨论的。这部分也很重要，因为有助于来宾将课程主题应用到自身的情况。（鼓励来宾做家庭作业时，请向他们保证不必交给老师评分！）

9. 反馈

五周与十周的课程

最后一堂课发给每位来宾一张问卷，一方面让来宾回顾课程内容，一方面也给组长反馈意见。应在用餐时间发给来宾填写，课后交回。（问卷范例可从我们的网站下载：**relationshipcentral.org**）

营造合宜的气氛

温馨与接纳的气氛对于课程效果至关紧要。务必让来宾感到放松，能够自在地谈论敏感问题，这唯有在合宜的气氛下方有可能。

1. 选择最佳场地

关键在于找到一个可以让你营造温馨气氛和享用餐点的场地：

- 假如参加的人数不多，通常最佳场地就是在家里面。
- 倘若人数很多，可以在教会、餐厅、离峰时间的咖啡店、学校教室、饭店等。

2. 亲切、有趣和轻松的布置原则

- 倘若不是在家中举办，而场地并不吸引人，那么请找善于布置的人，把它改造成充满温馨、友善和轻松的地方。只要一点创意，即使最单调的房间也可以转变成绝佳的场地。
- 将座椅排成一圈以便小组讨论，若能围着咖啡桌或茶几坐是最理想，可让每一位来宾都有归属感（尤其独自前来的），也有助于每一个人发言与小组讨论。这种座位安排也能帮助来宾比较容易聊天、交朋友，不论是在餐点或讨论时间。讨论时如有必要，各人可以自行调整座椅（参见第42页教室布置建议）。
- 用餐时间和课后时间请将灯光转为柔和，并播放轻柔的背景音乐，以营造轻松的气氛。

3. 提供餐饮

- 课前提供餐饮，让来宾有机会放松、彼此认识。
- 课程若排在晚上，来宾可以在下班后直接过来，不必担心晚餐。建议在上课前享用主餐，至于咖啡、茶、糕饼、甜点等，等课间休息或练习／讨论时间再享用。

4. 提供最佳服务

- 有些来宾对于上课有些紧张和担心，所以服事团队如能有最贴心的服务，让他们有宾至如归的感觉，可帮助他们放松心情，自在地参与。
- 在五周的课程中，由小组带领者为来宾倒咖啡和茶，来宾可由此看出你们的关心，并且他们的家庭生活在你们眼中是很重要的。

小秘诀：
在咖啡桌或茶几上铺桌布、摆餐巾、插一朵鲜花或点个蜡烛，像高级餐厅一样，可给人特别的感受，有助于营造美好气氛。

带领小组讨论

小组带领人的角色对于来宾的上课经验非常重要，如果小组不只一个，务必让所有带领小组讨论的人在课前先聚集，确认他们都了解自己的角色，他们除了促进小组讨论外，还要在课前与课间担任招待。每个小组的带领人都应该有这本组长手册。

理想的情况是，每一小组至少有两名带领人，假如小组中有作爸爸的、也有作妈妈的，那么带领人最好是一男一女。

1. 带领人的角色

- 主要是欢迎与接待来宾，介绍他们彼此认识，为他们倒茶或咖啡，关心近况，并在每一堂课的练习与讨论时间鼓励大家发言。
- 第一堂课的第一次讨论时间，带领人应鼓励大家尽量发言，不方便讲的部分可以不讲。也请来宾尊重他人，彼此保密，小组讨论所谈的内容不外流。
- 带领人并不是指导员，任务是鼓励发言、促进对话与讨论，而不是教导来宾如何养育儿女（那是讲课的目标！）。小组的带领人也可以提供自己教养／照顾子女的经验，但需切合该堂课探讨内容。他们应以鼓励与肯定为目标，所以在分享经验与秘诀时要用"我"或"我们"（例如，"我／我们"发现这一点很有用……），而不要用指教的口吻（"你不要再那样做了，应该这样做"）。因为说"我"可让来宾自由表示同意或不同意，而不会感觉被论断。

2. 课前预备

- 小组带领人应当熟悉来宾手册中的讨论题目，上课前就要预备好。
- 如能在课程前预读《亲子教育》（暂译）则更好，如此可熟悉每堂课所涵盖的各项主题，因为书中的内容比课程更丰富。这本书涵盖从出生至18岁子女的亲子教育，让我们可以更长远的眼光看待青少年。

3. 实际执行的细节

- 先把座椅排好，让来宾可以彼此看见、听见。
- 带领人的位子要能看见所有组员。
- 灯光要充足，好让来宾需要时可阅读手册并作笔记。
- 检查通风状况，不要太闷、也不要太冷。

- 准时——以准时开始、准时结束为目标。
- 如果来宾在10人以上，也有足够的带领人，则分成两组较佳，让每个人都有机会发言。

4. 小组讨论会被两种带领风格破坏

- 软弱型——没有预备好，发言机会都让某一个人占去。
- 强势型——自己唱独脚戏，没有给其它人表达意见的机会。

5. 问开放式的问题

- 所谓"开放式"问题，就是不能光答是与否，而是容许有不同的反应，例如："目前你在教养儿女上面临最大的挑战是什么？""你选择来上课的主要原因是什么？""你希望从这套课程获得什么？／你希望能有什么收获？"
- 请依照来宾手册中的问题来进行小组讨论，除非有来宾提出一个令多数组员感兴趣的问题。
- 倘若未能将来宾手册中的问题全部讨论完，也不要紧，尽可能多用这些问题让讨论持续进行，同时尽量让每一位来宾都发表意见。
- 假如只讨论了一、两题，眼看时间快到，应在结束时间前几分钟，问小组："有没有人想要讨论手册上的其它问题？"若有，请对小组说，这个问题留到下一次讨论（放到用餐时间或小组讨论时间）。
- 先准备一些延伸的问题，以备万一引不起讨论，场面尴尬时可派用上场。
- 有两个基本问题可问："你有什么看法？"和"就刚才所听到的你感觉如何？"
- 若有来宾提出问题，不要自己作答，而是问小组："大家有什么看法呢？"
- 避免高姿态，对每一个人都要尊重，对每个看法都要显出兴趣，就算你不同意。

6. 要作好答不出问题的心理准备

- 假如有人提出超过你的经验或知识的问题，应坦白说你不知道，不必害怕。必要的时候，可告诉提问的来宾，你会去查资料，等下次上课再回答。
- 从《亲子教育》（暂译）或来宾手册附录的推荐书单中的书籍去找，是否涵盖那个问题。（在我们的网站**relationshipcentral.org**有更多推荐书籍）
- 下周上课时，关于那个问题，可在用餐时间与提问的来宾个别聊，或在小组讨论中再次提出来讨论。
- 假如所提出的问题需要专家协助，请鼓励该位来宾找医生或受过训练的咨商师谈。

转介

上课之前，带领者应先找出本地有无任何可用的资源，当碰上超过自身经验和课程范围的问题时，可以转介过去。

不论是课程所提出的、或生活中碰到的问题，来宾可能会希望找一位受过训练的咨询师谈。对某些父母来说，本课程将是他们寻求协助的第一步。

可能的话，先搜集可处理教养问题的咨询师、教育心理学者或辅导的联络方式。以英国为例，可转介到英国咨询暨心理治疗协会（British Association for Counselling and Psychotherapy），基督徒咨询师协会（the Association of Christian Counsellors）或是英国心理治疗理事会（the UK Council for Psychotherapy）。此外，来宾孩子的学校可能会有教育心理学家可转介咨询。再不然，也可推荐来宾去找医师，尤其倘若问题牵涉到他们本身或子女的身体或情绪健康的话，更须转介给专业医师。

推广课程

以下是有助于推广课程的方式：

- 邀请你们教会的领袖一起参与。协助教会的领导者看到本课程的异象，以及本课程会带给教会成员和附近其它父母很多好处。
- 请求在主日崇拜时间报告此课程。运用各种办法公布开课时间，如教会网站、周报、布告栏等，大力邀请会友参加。
- 运用影片（请上**relationshipcentral.org**网站）引起父母和其它照顾孩子的人的期待心情。此三分钟短片不但简介课程纲要，也会令人想进一步了解。
- 想想其它可以展示海报和邀请卡的地方（关于海报和邀请卡，请至 **alphashop.org** 和 **alphaprintshop.org** 网站）
  - 本地各教会
  - 各学校
  - 诊所的候诊室
  - 本地图书馆
  - 义卖商店
- 设法让一篇有关本课程的文章登在当地报纸上，或上本地广播电台接受访问。
- 在父母会经常出入的场所询问可否放置邀请卡或海报，如：
  - 报章杂志贩售处
  - 健身中心
  - 本地的其它商店
  - 本地的休闲中心／游泳池
- 别忘了，使人报名上课的主要原因是个人推荐。所以在最后一堂课时，务必发给每位来宾邀请卡，鼓励他们至少向一位作父母的人推荐此课程，如此你们课程就能生生不息。
- 请至 **relationshipcentral.org** 网站登记你们的课程时间，如有人上网浏览本地课程资讯时，可以找到你们举办的课程而报名参加。

快速 核对清单

除了本手册上的时间表，你们还需要以下物品：

- ☐ 一套青少年亲子教育课程DVD
- ☐ 青少年亲子教育课程来宾手册（参加者每人一本）
- ☐ 音乐（及播放方式）— 在用餐时间和上完课后播放，用MP3播放器中的播放清单是最容易的方式
- ☐ 餐饮（冷热饮，包括咖啡和茶）
  晚上的课程— 主餐和蛋糕或饼干
  早上的课程— 早餐或上午点心
  例如馅饼、水果和优格、蛋糕和饼干
- ☐ 桌椅、适合的灯光、桌巾、餐巾、蜡烛、花瓶与鲜花
- ☐ 盘子、杯子、咖啡杯与碟
- ☐ 参加者名单和名牌。带名牌有助于大家彼此认识。若参与人数多，名牌上除了来宾姓名外，应加上组别（如第1，2，3组等），帮助大家快速找到自己所属的组别
- ☐ 笔
- ☐ 多准备几本来宾手册，以备万一有人忘了带，里面要夹一张白纸，让借用的来宾作笔记（以免写在借用的手册上）

小秘诀：
不妨准备一本《亲子教育（暂译）》，因为有些来宾会想要多了解某一课的内容，也可以送给每位来宾一本，费用包含在上课费用内。

- ☐ 一张展示推荐书单上之书籍的桌子（非必须的）
- ☐ 多准备一套（几套）课程DVD，以备缺课的来宾借用，准备借用单供填写，以掌握借用与归还状况
- ☐ DVD播放机
- ☐ 电视机、萤幕或投影机
- ☐ 讲员用的麦克风与讲台（人数较多的课程会需要）

小秘诀：
欲获得最新消息与资源，建议定期上我们的网站：
relationshipcentral.org

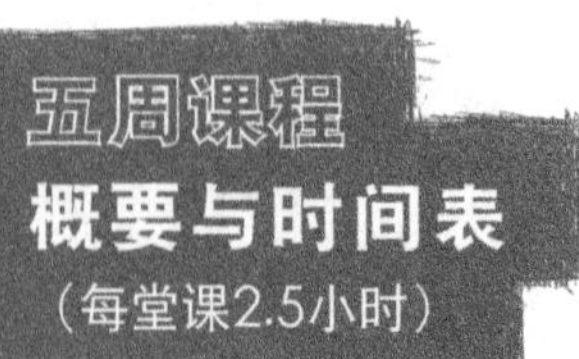

第一课——记住最终的目的

1. 课程概要

第一课帮助父母看清楚他们的长期目标，以及维持与建立与青少年子女之关系的价值。上集主要着重在青春期所带来的变化，今天的青少年和父母所面对的压力，以及父母如何能够帮助青少年成为成熟又负责任的成年人。下集谈到家庭的重要功能，就是提供青少年一个安全和接纳的地方，让他们可以在这里学到良好的价值观，同时家也是个好玩的地方，让他们可以在这里学到如何建立健全的关系。

2. 核对清单

- 请看第20-21页的快速核对清单

3. 时间表

（以下时间表是以晚上上课的晚间课程为准，其它课程时间上课，只要更改上课时间，依序类推即可）

6.30 组长和小组带领者聚集祷告

6.45 一切就绪！（第一堂课常常会有来宾提早到），主动替来宾倒饮料。

7.00 用餐（倘若来宾超过10人，应分小组带开用餐）

7.30 致词欢迎，以及报告事项

– “欢迎各位来参加青少年亲子教育课程，每一堂课都包含讲课与讨论两部分，大家可以和其它父母讨论子女教养的问题。请大家放轻松，如有任何关于你的孩子或家庭生活的细节是你不想透露的，可以不谈，没有关系。”

- “如果你有哪一堂课不能来，我们有课程DVD可供借阅。”（如果有的话）
- “如果你有关于子女教养的问题是本课程没有涵盖的，我们可以提供本地的家庭咨询师联络资料给你，或者由我们帮你联络。”
- “接着我们先用几分钟轮流自我介绍。请先向大家介绍你的姓名、你子女的年龄，还有你目前在教养11到18岁的孩子上碰到的最大挑战是什么。我们要特别提醒大家，秉持互相尊重的原则，举凡在课堂上所分享的个人与家庭生活讯息，都请不要外传出去。”

请注意：以下时间是按照DVD上的讲课时间长度所定。

7.45 开始播放DVD（或你们的现场讲课）— 上集：了解过渡时期（27分钟）

8.12 写练习与讨论

“请翻开手册上的练习：培养品格，开始填写。写好以后，请以两人或三人一组讨论。如果你们是夫妻一起参加，建议你们两人讨论已经有的和想要做的改变。”

（小组的带领人上茶、咖啡和甜点）

8.27 播放DVD（或现场讲课）— 下集：建立稳固的关系（32分钟）

8.59 小组讨论（请使用来宾手册中的讨论题目）

9.30 准时结束。鼓励来宾在下次上课前完成手册中的家庭作业练习1和2，并提醒他们别忘了带手册来上课。

现场讲课：视情况以简短的祷告结束课程。范例：

“主啊，我们为你所赏赐的孩子献上感谢；感谢你，他们每一个都是独特的，都有他们自己独特的个性和天赋。感谢你赐给我们教养的特权，使我们得以塑造和影响他们的生命，求你帮助我们完成这具有挑战性的任务。我们也为来上课的每一位父母祷告，求你帮助每一位在上完这课程后都能对于父母的角色更有自信，也有更好的装备。奉耶稣的名祷告，阿们。"

第二课— 满足青少年的需求

1. 课程概要

青少年需要有自信心，而这份自信来自他们知道自己是被疼爱的。他们的行为往往就像指示器，会显示他们"情感槽"（emotional tank）是否满盈。上集中说明了五种爱之语的观念，我们要用能让青少年感到被爱的方式来表达我们的爱。此外也鼓励父母找出最能让他们的青少年感受到不同的表达爱的方式。下集中谈及成人和青少年沟通方式的差异，以及父母好好专注倾听的重要性，倾听可显示父母能同理孩子的感受。

2. 核对清单

- 请看第20-21页的快速核对清单

3. 时间表

6.30 组长和小组带领者聚集祷告

6.45 为早到的来宾倒饮料

7.00 分组用餐

7.30 报告事项与回顾前周课程

- "欢迎已经上过第一课的来宾，也欢迎今天第一次来的朋友。"
- "如果你忘记带来宾手册，我们这里有备份可以借用，请把你的笔记写在白纸上，回家后再把笔记誊在你自己的手册上。"

–“每堂课一开始都会先复习前面的内容，请翻开你的手册，看上周课程复习。请在小组中分享哪个部分对你最有切身的帮助，还有过去一周中你是否安排‘家庭时间’，若有，请分享如何进行，情况如何？”

7.40 播放DVD（或现场讲课）——上集：五种爱之语（33分钟）

8.13 练习与讨论

“请填写手册中的练习‘五种爱之语的顺序’，然后两到三人为一组，彼此分享你们所写的。如果你们是夫妻一起来参加，建议你和另一半一起讨论，看你们可以怎么做，好让孩子有所改变。”

（小组的主持人上茶、咖啡和甜点）

8.28 播放DVD（或现场讲课）——下集：有效的沟通（26分钟）

8.54 “请翻开手册中的练习‘复述’，两人为一组，一人扮演青少年，另一人扮演父母。请‘青少年’跟‘父母’讲一件很烦恼或不高兴的事情，勿超过一分钟，‘父母’倾听后把他认为接收到的‘青少年’的感受复述一遍，要按捺住想给建议或叫孩子放心的冲动。目标是在练习同理心，去感受青少年所不一定能表达清楚的感觉。对话持续一两分钟后，互换角色再练习一遍。”

9.05 小组讨论（讨论题目在来宾手册中）

9.30 准时结束。鼓励来宾在下次上课前完成家庭作业练习1和2。

现场讲课：视情况以简短的祷告结束。范例：

“主啊，感谢你总是倾听我们，所以我们可以向你倾心吐意。感谢你用各种方式向我们保证你的爱。求你帮助我们爱我们的孩子，用我们的时间、言语、肢体接触、礼物和行动来表达爱。也求你赐给我们洞察力，使我们知道最能让每个孩子感到被爱的主要爱之语是什么。我们也要为亲子沟通不良的家庭祷告，求你使他们能突破现状，找到沟通的新起点。奉耶稣的名祷告，阿们。”

第三课— 为青少年立界线

1. 课程概要

本课要分享的是教养青少年当如何渐渐放手，逐渐给孩子更多的自由和责任。上集让大家认识比较不同的教养风格（忽略型、独裁型、溺爱型和权柄型），也指出既温暖又坚定（权柄型教养）的方式，对青少年的健康发展最为有益。本课鼓励父母要把自己看作是和青少年站同一边的，借着容许他们在安全范围内尽量由自己作决定，来帮助他们迈向成熟。下集则讲到父母的角色要从“控制者”逐渐转为“顾问”，也讲到和青少年商量的重要性，以及当青少年违反界线时，需要适当地让他尝到行为的后果。

2. 核对清单

- 请看第20-21页的快速核对清单

3. 时间表

6.30 组长与小组带领者聚集祷告

6.45 为早到的来宾倒饮料

7.00 分组用餐

7.30 报告事项与回顾前周课程

- “上一课我们分享了如何让我们的孩子感到被爱，我们推荐了盖瑞·巧门的《爱语秘笈—与新一代沟通5式》，这本书可让你更了解如何有效地向每一个孩子表达爱。”
- “现在请翻开你的手册，看上周课程复习。上周以来你是否曾尝试运用五种爱之语中的一种，重新向你的孩子表达爱呢？若有，效果如何？请在小组中讨论。”

7.45 开始播放DVD（或现场讲课）— 上集：渐渐放手（30分钟）

8.15 练习与讨论

"请翻开手册中的练习'运用权柄'，写完后，两、三人为一组互相讨论。如果你们是夫妻一起来上课，建议夫妻为一组讨论。如果你是一个人来，请找一至二位一起讨论。"

（小组的带领人上茶、咖啡和甜点）

8.30 播放DVD（或现场讲课）— 下集：鼓励负责任（27分钟）

8.57 小组讨论（讨论题目在来宾手册中）

9.30 准时结束。鼓励来宾在下次上课前完成家庭作业练习1和2。

现场讲课：视情况以简短的祷告结束。范例：

"主啊，感谢你引导我们，指示我们美好生活之道。感谢你赐下你的爱和界线，让我们得以活出丰盛的生命。求你帮助我们引导我们的青少年子女，好让他们在信任与责任心上长进，成为懂得关心别人的人。求你帮助我们把心中的恐惧和渴望都交托在你手中，好让我们对孩子渐渐放手时，他们能感到自己可以自由地成为你创造他们要成为的人。奉耶稣的名祷告，阿们。"

第四课——培养健康的情绪

1. 课程概要

健康的情绪包含学习如何处理怒气。上集讲到生气的不当反应——“犀牛型”和“刺猬型”行为——以及父母如何学习管理自己的怒气，同时帮助青少年学习管理他们的怒气。下集谈的是有效化解冲突的六项原则，大人要以身作则，然后运用在解决父母与青少年的冲突上。最后一部分是借着让青少年接受失败、不拿他们跟别人比较，营造足够的空间给他们放松，并和他们谈心中的忧虑，来帮助青少年管理他们的压力。

2. 核对清单

- 请看第20-21页的快速核对清单

3. 时间表

6.30 组长与小组带领者聚集祷告

6.45 为早到的来宾倒饮料

7.00 分组用餐

7.30 报告事项与回顾前周课程

- “下周会有推荐书目的特价活动，欢迎选购。”（视情况宣布须用现金支付，或是有提供刷卡服务。）
- “请看来宾手册的上周课程复习，想想看你上一周有没有碰到需要给孩子立界线的例子，然后在小组里分享实施的结果，互相讨论。”

7.45 开始播放DVD（或现场讲课）——上集：处理怒气（我们父母自身的和孩子的）（29分钟）

8.14 练习与讨论

“请填写手册中的练习‘表达怒气’，写好后，两、三人为一组讨论。如果是夫妻一起来上课，建议夫妻为一组讨论。如果是一个人来，请找一至二位一起讨论。"
（小组的带领人上茶、咖啡和甜点）

8.29 播放DVD（或现场讲课）——下集：化解冲突与处理压力（31分钟）

9.00 小组讨论（讨论题目在来宾手册中）

9.30 准时结束。鼓励来宾在下次上课前完成家庭作业练习1至3。

现场讲课：视情况以简短的祷告结束。范例：

"主啊，我们感谢你，你是慈爱的神、平安的君王。感谢你指示我们一条化解冲突和建立巩固的家庭关系之道，求你帮助我们与子女的关系越来越好。我们愿学习用健康的方式处理我们的怒气和压力，也装备我们的孩子具备同样的能力。我们也要为亲子关系已经变得紧张的父母祷告，求你赐下鼓励和对未来的盼望，也求你拉近他们的亲子关系。奉耶稣的名祷告，阿们。"

第五课— 帮助青少年做好的选择

1. 课程概要

最后一课的焦点在青少年将面对的选择上，尤其关于今天的几项重大问题：毒品、酒、性，和上网。上集要来看父母带给孩子的影响，还有为了保护青少年，父母需要把正确的资讯和价值观传递给孩子，同时也要给孩子较长远的眼光。下集讲到父母可以怎样有效地装备孩子，好让他们长此以往都能做好的选择，包括如何针对情况和孩子深谈，找一些好的榜样，创造健康的家庭传统，以及常常为孩子祷告。

2. 核对清单

- 请看第20-21页的快速核对清单

3. 时间表

6.30 组长和小组带领者聚集祷告

6.45 为早到的来宾倒饮料

7.00 分组用餐

7.30 报告事项与回顾前周课程

- "下课后请把握特价的机会购买推荐的书籍。"
- "请尽量拿下一期课程的邀请卡，给任何你认为会对青少年亲子教育课程有兴趣的人。"
- "上完本课程的夫妇不妨接着参加婚姻课程，如果你们想一起来上课的话，欢迎报名参加，也请多拿一些邀请卡，邀请别人来参加。"
- "启发课程是探索人生意义、讨论基督教信仰的好机会。这套课程已经帮助许多父母确定他们希望将哪些信念与价值观传递给下一代。这里有课程邀请卡，请踊跃参加。"

–“请你花几分钟填写问卷，不但可帮助你回顾整个课程，并且你所给我们的反馈能帮助我们下次把课程办得更好。课程结束前我们会给大家几分钟填写问卷。”

请从我们的网站：**relationshipcentral.org**下载问卷。

7.45 开始播放DVD（或现场讲课）—— 上集：用更远的眼光来看（35分钟）

8.20 练习与讨论

“请填写手册中的练习‘长期的价值观’，写好后，两、三人为一组互相讨论。如果你们是夫妻一起来上课，建议夫妻为一组彼此讨论。如果你是一个人来，请找一至二位一起讨论。”

（小组的主持人上茶、咖啡和甜点）

8.35 播放DVD（或现场讲课）—— 下集：预备我们的青少年（22分钟）

8.57 小组讨论（讨论题目在来宾手册中）

9.30 准时结束。请来宾离去前先填写问卷并交回。

现场讲课：视情况以简短的祷告结束。范例：

“主啊，我们感谢你，你的爱是永远保护、永远信任、永远盼望、永远忍耐、永不止息。感谢你，你知道并且了解每一位父母在引导青少年子女做好的选择时所面对的挑战。求你帮助在这里的每一个人在遭遇困难时仍保持对子女的爱，好让我们从现在到将来，都能建立或重建与孩子的亲密连结。主啊，求你成就你在每一个孩子身上的旨意，也愿每一个孩子性格成长，越来越能反映出你的爱与仁慈。奉耶稣的名祷告，阿们。”

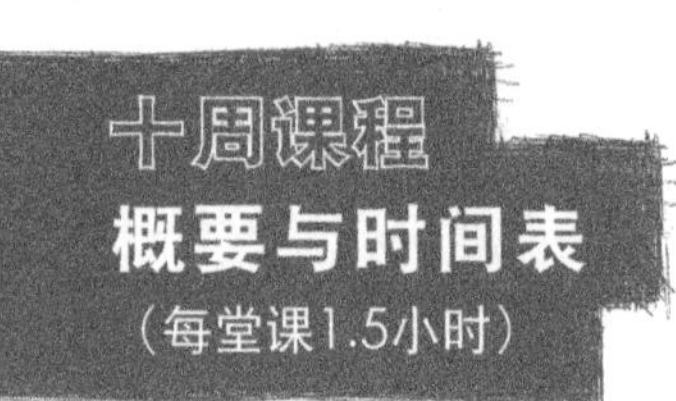

有些组长比较喜欢把课程分成十周，而不是五周。如果你们把课程安排在早上，就可能需要分成十周。也就是把五周的课程分成上下两集，每周只上一集。

（以下时间表是按照早上上课的日间课程来订的。）

请注意：讲课的时间长度是依据DVD而订的。

第1周

第一课——记住最终的目的，上集

10.00　欢迎来宾，并请他们先享用茶点（咖啡、茶、馅饼、水果、优格与糕饼等）

10.15　致词欢迎和报告事项

- "欢迎各位来参加青少年亲子教育课程，每一堂课都包含讲课与讨论两部分，大家可以和其它父母讨论子女教养的问题。请大家放轻松，如有任何关于你的孩子或家庭生活的细节是你不想透露的，可以不谈，没有关系。"
- "如果你有哪一堂课不能来，我们有课程DVD可供借阅。"（如果有的话）
- "如果你有关于子女教养的问题是本课程没有涵盖的，我们可以提供本地的家庭咨询师联络资料给你，或者由我们帮你联络。”

- “接着我们先用几分钟自我介绍。请先向大家介绍你的姓名、你子女的年龄，还有你目前在教养11到18岁子女上碰到的最大挑战是什么。”

10.25　开始播放DVD（或你们的现场讲课）——上集：了解过渡时期（27分钟）

10.52　练习与讨论

请来宾填写练习“培养品格”，然后小组讨论（请看来宾手册中“10周课程使用”的讨论问题）

11.30　准时结束。鼓励来宾在下次上课前完成家庭作业练习1。视情况以简短的祷告作结束（DVD中上集结束时并没有作祷告），范例：

“主啊，我们为来这里上课的每一位来宾的青少年或少年孩子献上感谢；感谢你，他们每一个都是独一无二的，是特别的。求你帮助我们在他们青春期的高低起伏中和他们建立美好关系，并得以看到他们培养出美好性格。求你帮助他们成为成熟而负责任的成年人。奉耶稣的名祷告，阿们。”

第2周

第一课——记住最终的目的，下集

10.00　欢迎来宾，并请他们先享用茶点

10.15　报告事项与复习上周内容

- “欢迎已经上过第一课的来宾，也欢迎今天第一次来的朋友。”
- “如果你忘记带来宾手册，我们这里有备份可以借用，请把你的笔记写在白纸上，回家后再把笔记誊在你自己的手册上。”
- “每堂课一开始我们都会先复习前面的内容，请翻开

你的手册，看第一周课程复习。然后请在小组中（或两、三人为一组）分享过去一周以来你在教养上是否有任何所改变？”

10.25 开始播放DVD（或你们的现场讲课），第一课下集：建立稳固的关系（32分钟）

10.57 小组讨论（请用来宾手册中“10周课程使用”的讨论题目）

11.30 准时结束。鼓励来宾在下次上课前完成家庭作业练习2。现场讲课：视情况以简短的祷告作结束，范例：
“主啊，我们为你所赏赐的孩子献上感谢；感谢你，他们每一个都是独特的，都有他们自己独特的个性和天赋。感谢你赐给我们教养的特权，使我们得以塑造和影响他们的生命，求你帮助我们完成这具有挑战性的任务。我们也为来上课的每一位父母祷告，求你帮助每一位在上完这课程后都能对于父母的角色更有自信，也有更好的装备。奉耶稣的名祷告，阿们。”

第3周

第二课— 满足青少年的需求，上集

10.00 欢迎来宾，并请他们先享用茶点

10.15 复习
“请翻开手册复习前两周的内容。请找同一组的人分享这些内容对你最有切身帮助的是什么，还有过去这一周你是否已经安排了任何‘家庭时间’，若有，请分享进行得如何。”

10.25 开始播放DVD（或现场讲课）— 第二课上集：五种爱之语（33分钟）

10.58 请来宾填写作业“五种爱之语的顺序”，然后小组讨论（请用来宾手册中“10周课程使用”的讨论题目）

11.30 准时结束。鼓励来宾在下次上课前完成家庭作业练习1。视情况以简短的祷告作结束，范例：

“主啊，感谢你让我们对你的爱有信心，感谢你借着你的灵将你的爱浇灌在我们心里。请你帮助我们向我们的青少年子女表达爱，让他们对我们的爱有信心，也让他们有自信，能成为你创造他们时要他们成为的人。奉耶稣的名祷告，阿们。”

第4周

第二课— 满足青少年的需求，下集

10.00 欢迎来宾，并请他们先享用茶点

10.15 复习

“请与一、两位讨论上周以来是否使用任何一种‘爱之语’，若有，请说说看给你们家带来什么改变。”

10.25 播放DVD（或现场讲课）— 第二课下集：有效的沟通（26分钟）

10.51 “请填写手册中的练习‘复述’，两人为一组，一人扮演青少年，一人扮演父母。请‘青少年’跟‘父母’讲一件很烦恼或不高兴的事情，勿超过一分钟，‘父母’倾听后把他认为接收到的‘青少年’的感受复述一遍，要按捺住想给建议或叫孩子放心的冲动。目标是在练习同理心，去感受青少年所不一定能表达清楚的感觉。对话持续一两分钟后，角色互换再练习一遍。”

11.05 小组讨论（请用来宾手册中“10周课程使用”的讨论题目）

11.30 准时结束。鼓励来宾在下次上课前完成家庭作业练习2。

现场讲课：视情况以简短的祷告作结束，范例：

“主啊，感谢你总是倾听我们，所以我们可以向你倾心吐意。感谢你用各种方式向我们保证你的爱。求你帮助我们爱我们的孩子，用我们的时间、言语、肢体接触、礼物和行动来表达爱。也求你赐给我们洞察力，使我们知道每个孩子最能感到被爱的主要爱语是

什么。我们也要为亲子沟通不良的家庭祷告，求你使他们能突破现状，找到沟通的新起点。奉耶稣的名祷告，阿们。”

第 5 周
第三课— 为青少年立界线，上集

10.00 欢迎来宾，并请他们先享用茶点

10.15 复习

“请讨论你是否对孩子运用五种爱的语言中的一种，是否实行上周所教的倾听要点中的任何一点，以及实行后是否让你和青少年子女的关系有所改变？”

10.25 开始播放DVD（或现场讲课）— 第三课上集：渐渐放手（30分钟）

10.55 练习与讨论

请来宾填写练习“运用权柄”，然后小组讨论（请用来宾手册中“10周课程使用”的讨论题目）

11.30 准时结束。鼓励来宾在下次上课前完成家庭作业练习1。视情况以简短的祷告作结束，范例：

“主啊，感谢你指示我们正确生活之道，又以你的灵引导我们。当我们设法在爱的环境下给孩子订界线时，求你赐给我们智能。也求你帮助我们以正确的速度增加孩子的自由和责任感。奉耶稣的名祷告，阿们。”

第 6 周
第三课— 为青少年立界线，下集

10.00 欢迎来宾，并请他们先享用茶点

10.15 复习

“请翻开手册复习上周内容，想想看哪些对你最有帮

助，然后两、三人为一组讨论。”

10.25 开始播放DVD（或现场讲课）— 第三课下集：鼓励负责任（27分钟）

10.52 小组讨论（请用来宾手册中“10周课程使用”的讨论题目）

11.30 准时结束。鼓励来宾在下次上课前完成家庭作业练习2。
现场讲课：视情况以简短的祷告作结束，范例：
“主啊，感谢你引导我们，指示我们美好生活之道。感谢你赐下你的爱和界线，让我们得以活出丰盛的生命。求你帮助我们引导我们的青少年子女，好让他们在信任与责任心上长进，成为懂得关心别人的人。求你帮助我们把心中的恐惧和渴望都交托在你手中，好让我们对孩子渐渐放手时，他们能感到自己可以自由地成为你创造他们要成为的人。奉耶稣的名祷告，阿们。”

第 7 周

第四课— 培养健康的情绪，上集

10.00 欢迎来宾，并请他们先享用茶点

10.15 复习

“上周以来你是否碰到需要为孩子立界线的情况？请举一例，并讨论结果。”

10.25 开始播放DVD（或现场讲课）— 第四课上集：处理怒气（29分钟）

10.54 练习与讨论

请来宾填写练习“表达怒气”，然后小组讨论（用来宾手册中“10周课程使用”的讨论题目）

11.30 准时结束。鼓励来宾在下次上课前完成家庭作业练习1。视情况以简短的祷告作结束，范例：

“主啊，感谢你把我们创造为有情绪的人，能够感受爱和生气。求你帮助我们以身作则，控制自己的怒气，使我们的家成为孩子可以用建设性的方式表达他们正面与负面情绪的安全地方，奉耶稣的名祷告，阿们。”

第 8 周

第四课— 培养健康的情绪，下集

10.00 欢迎来宾，并请他们先享用茶点

10.15 复习

“请讨论上周以来你对于处理自己的和孩子的怒气，是否有什么领悟？是否带来什么改变？”

10.25 开始播放DVD（或现场讲课）— 第四课下集：化解冲突与处理压力（31分钟）

10.56 小组讨论（用来宾手册中“10周课程使用”的讨论题目）

11.30 准时结束。鼓励来宾在下次上课前完成家庭作业练习2和3。

现场讲课：视情况以简短的祷告作结束，范例：

“主啊，我们感谢你，你是慈爱的神、平安的君王。感谢你指示我们一条化解冲突和建立巩固的家庭关系之道，求你帮助我们与子女的关系越来越好。我们愿学习用健康的方式处理我们的怒气和压力，也装备我们的孩子具备同样的能力。我们也要为亲子关系已经变得紧张的父母祷告，求你赐下鼓励和对未来的盼望，求你拉近他们的亲子关系。奉耶稣的名祷告，阿们。”

第9周

第五课— 帮助青少年做好的选择，上集

10.00 欢迎来宾，并请他们先享用茶点

10.15 复习

“请讨论上周的‘化解冲突六原则’中的任何一项，是否帮助你化解亲子间的冲突，以及你是否实行了帮助青少年管理压力中的任何一种方法。”

10.25 开始播放DVD（或现场讲课）— 第五课上集：用更远的眼光来看（35分钟）

11.00 小组讨论（用来宾手册中“10周课程使用”的讨论题目）

11.30 准时结束。鼓励来宾在下次上课前完成家庭作业练习1。

视情况以简短的祷告作结束，范例：

“主啊，感谢你引导我们、保护我们。求你使用我们预备我们的孩子面对试探和重大挑战。求你帮助我们将他们做好的选择所需的资讯和价值观传递给他们，奉耶稣的名祷告，阿们。”

第10周

第五课— 帮助青少年做好的选择，下集

10.00 欢迎来宾，并请他们先享用茶点

10.15 报告事项（如有需要的话）与复习

- "下课后请把握机会购买推荐的书籍。"
- "请尽量多拿下一期课程的邀请卡，给任何你认为会对青少年亲子教育课程有兴趣的人。"
- "上完本课程的夫妇不妨接着参加"美满婚姻课程"，如果你们想一起来上课的话，欢迎报名参加，也请多拿一些邀请卡，邀请别人来参加。"
- "启发课程是探索人生意义、讨论基督教信仰的好机会。这套课程已经帮助许多父母确定他们希望将哪些信念与价值观传递给下一代。这里有课程邀请卡，请踊跃参加。"
- "请你花几分钟填写问卷，不但可帮助回顾整个课程，并且你所给我们的反馈能帮助我们下次把课程办得更好。课程结束前，我们会给大家几分钟填写问卷。"

（请从我们的网站：**relationshipcentral.org**下载问卷。）

10.30 开始播放DVD（或现场讲课）— 第五课下集：预备我们的青少年（22分钟）

10.52 小组讨论（用来宾手册中"10周课程使用"的讨论题目）

11.30 准时结束。请来宾离去前先填写问卷并交回。

现场讲课：视情况以简短的祷告结束。范例：

"主啊，我们感谢你，你的爱是永远保护、永远信任、永远盼望、永远忍耐、永不止息。感谢你，你知道并且了解

每一位父母在引导青少年子女做好的选择时所面对的挑战。求你帮助在这里的每一个人在遭遇困难时仍保持对子女的爱，好让我们从现在到将来，都能建立或重建与孩子的亲密连结。主啊，求你成就你在每一个孩子身上的旨意，也愿每一个孩子性格成长，越来越能反映出你的爱与仁慈。奉耶稣的名祷告，阿们。”

教室布置建议

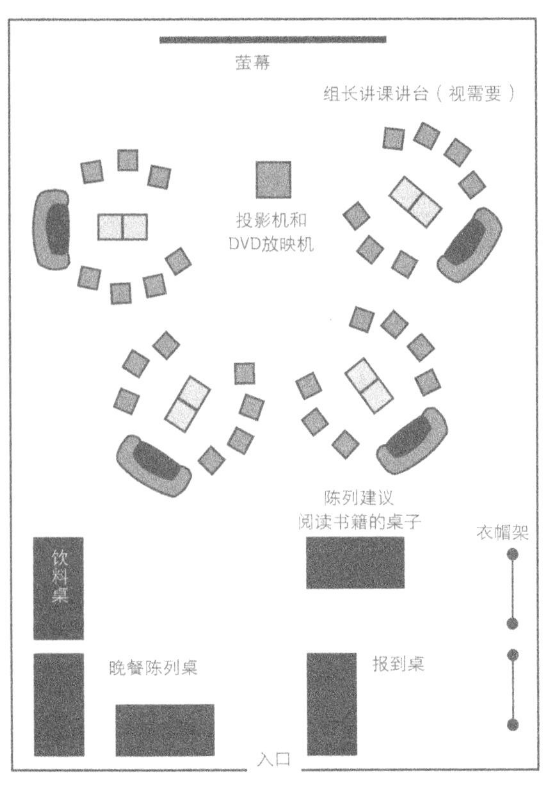

请注意：供小组使用的桌子可以两张小桌合并（如图示），也可以用一张大桌子。

联络资料

如欲了解给已婚夫妇或同居伴侣的美满婚姻课程（The Marriage Course），给已订婚者（准夫妇）的美满婚姻预备课程（The Marriage Preparation Course），给育有0至10岁子女者的儿童亲子教育课程（The Parenting Children Course），或欲进一步了解本课程，请上我们的网站：**relationshipcentral.org**。

有关启发课程（给任何想要了解基督教信仰的人），请上网站

李力奇与李希拉合著

《亲子教育》（暂译）

'Provides real insight into how to be a good parent'

Bear Grylls

NICKY & SILA LEE

Best selling authors of **The Marriage Book**

订购请至：alphashop.org

ISBN 978 1 905887 36 1

Price £7.99

www.ingramcontent.com/pod-product-compliance
Lightning Source LLC
LaVergne TN
LVHW021945220826
846092LV00010B/1229

* 9 7 8 9 8 1 0 7 5 9 3 4 6 *